Vivre et revivre encore

Collection *Mikrós*

Ouvrage édité par Éric Fottorino

L'intégralité de ces textes a été publiée par *Le 1*.
www.le1hebdo.fr

www.editionsdelaube.com

ISBN 978-2-8159-5097-8

Adèle Van Reeth

Vivre et revivre encore

éditions de l'aube

Avant-propos

Attention, lecture addictive ! On n'envoie pas impunément la balle de l'actualité à une philosophe véloce comme Adèle Van Reeth. Elle vous la renvoie avec une puissance et une érudition jamais dénuée de fantaisie, qui chaque fois vous emportent et vous emplissent de gratitude autant que de gai savoir. On n'imaginait pas – même si on s'en doutait un peu, à la longue… – qu'en la mettant au défi de philosopher sur, dans le désordre, le sport, les jeunes, les femmes, le pétrole, l'opinion ou encore ces fous d'Anglais ou cette étrange Mme Merkel, elle nous saisirait chaque fois par tant de profondeur. D'autant que l'exercice ne laisse pas beaucoup de temps. La presse est toujours pressée, et l'encre des textes que vous allez (re)découvrir était à peine sèche qu'ils étaient déjà imprimés.

Les nombreux lecteurs qui ont plébiscité le récit d'Adèle Van Reeth *La Vie ordinaire* (Gallimard 2020), où elle identifiait – chez les femmes singulièrement – les épines du quotidien, retrouveront dans ces chroniques ce qui a fait le charme indélébile et le succès de son livre : une pensée déliée, avec des mots simples pour nous faire approcher le complexe, des exemples et des illustrations puisés chez les plus grands penseurs pour nous aider à comprendre, à toucher du doigt l'épaisseur du réel. À tirer ce qu'il y a de leçon universelle dans les expériences individuelles. En chemin, vous rencontrerez le malheureux Tirésias (vous saurez ainsi quel aveu lui valut d'avoir les yeux crevés…), et toute une équipe de bonne compagnie, de Bergson à Gary, d'Orwell (plus inquiétant sur les processus totalitaires) à Céline-Bardamu vantant les mérites du cinéma. Sans oublier Zola et sa fameuse *Lettre à la jeunesse* qu'on croirait écrite pour les étudiants d'aujourd'hui. Et si l'envie vous prend d'immortaliser votre bobine en un *selfie* triomphant, alors vous pourrez vous relier au célèbre tableau de Jan Van Eyck peint en 1433, *L'Homme au turban rouge*. Vous pourrez alors méditer sur l'art et la manière, vieux comme le monde peut-être, de se présenter sous son meilleur profil…

Maintenant, bon voyage, Adèle Van Reeth a de bonnes nouvelles pour nous. Avant que d'apprendre à mourir, les philosophes nous aident à vivre.

Éric Fottorino
Directeur de l'hebdomadaire *Le 1*
mars 2021

Le confinement est notre démon

*15 avril 2020**

* *Le 1* n° 292, « Inégalités, l'autre crise ».

Au fond, rien n'a changé. Il y a ceux qui se prennent des coups, et ceux qui ont des coups de mou. Ceux qui vivent un enfer, et ceux qui ne savent pas quoi faire. Ceux qui se plaignent d'être « en prison », et ceux qui rêvent d'avoir une maison. Sous le soleil, plus que jamais, rien de nouveau, le confinement est une congélation. Comme si la situation dans laquelle nous vivions au moment de fermer la porte pour la dernière fois se figeait pour l'éternité. La possibilité que le provisoire devienne définitif – n'est-ce pas ce qui nous glace ? Nietzsche en a fait un fragment devenu célèbre*, dans lequel il imagine un démon lui proposer de revivre sa vie à l'infini sans

* Friedrich Nietzsche, *Le gai savoir*, 1882.

y changer un seul détail. « Voudrais-tu de ceci encore une fois et d'innombrables fois ? » semble nous susurrer ce démon au moment d'ouvrir la porte du frigo ou de tenter de travailler sans être interrompu par les enfants pour la cent quarante-cinquième fois de la journée.

La question est loin d'être une coquetterie. Pour le philosophe, elle est une manière d'interroger le rapport que nous entretenons à notre existence. Comment vivre de manière à être prêt à revivre chaque seconde ? Comment acquiescer à ce qui nous est imposé ? En période de confinement, la vie semble immuable. La répétition des jours et des nuits se fait plus pesante, et entre nos quatre murs, c'est face à notre propre vie mise à nu que nous nous trouvons. Aucune porte de secours : sans détour ni déni, l'insolence du réel nous saisit au ventre et nous flanque la nausée. On se dit que l'essentiel est ailleurs, que notre existence ne peut pas se réduire aux lavages de mains, aux devoirs et aux listes de courses. Et c'est vrai. Mais ce n'est pas nouveau. La seule chose que le confinement nous enseigne, c'est qu'il en a toujours été ainsi. Mais aujourd'hui, on ne peut plus fuir.

Et si ça devait durer ? Et si nous étions condamnés à ne plus bouger ? L'inlassable répétition du même jusqu'à la fin des temps. Plus d'imprévu, plus d'improvisation, aucun changement. L'idée est insoutenable – et heureusement, pas prévue au programme – mais efficace. Le démon de Nietzsche ne dit pas autre chose : imaginez que votre vie recommence exactement telle que vous l'avez vécue, un nombre incalculable de fois. Seriez-vous prêts ? Sinon, que voudriez-vous changer ? Que vous manque-t-il pour pouvoir dire oui ? Le confinement est notre démon : il nous pose la même question. Cette vie que vous menez aujourd'hui, est-ce celle qui vous plaît ? Sinon, qu'est-il en votre pouvoir de changer ? Avec quelle (autre) personne auriez-vous préféré être confiné ? Le démon porte bien son nom, il nous fait voir ce que l'on ne voulait pas voir, mais dans l'histoire, c'est-à-dire dans notre histoire, il est secondaire. Ce qui compte, ce n'est pas qui pose la question, mais qui accepte ou non d'y répondre. Une injection de lucidité en intraveineuse qui rend le confinement insupportable même aux mieux lotis d'entre nous. De même que le confinement révèle des inégalités scandaleuses, la lucidité fait le tri entre ceux qui sont prêts et ceux qui ne le sont pas. Rassurez-vous : non seulement le démon n'existe pas, mais le confinement ne durera pas.

L'aveuglement de Tirésias

*21 septembre 2016**

* *Le 1* n° 122, « Les nouveaux combats des femmes ».

Au livre III des *Métamorphoses*, le poète latin Ovide raconte que Jupiter, après s'être adonné à des jeux folâtres avec sa sœur et épouse Junon sous l'effet d'un nectar délicieux, lui fit part de sa jalousie au sujet de sa jouissance. « Assurément, lui dit-il, vous ressentez bien plus profondément la volupté que le sexe masculin. » Junon nia vigoureusement. Les amants convinrent alors de consulter Tirésias, « qui connaissait les plaisirs des deux sexes ». Celui-ci, dit la légende, avait frappé d'un coup de bâton deux grands serpents qui s'accouplaient dans une forêt. « Alors (ô prodige !) d'homme il devint femme », écrit Ovide. Ce n'est qu'en les frappant à nouveau, sept ans plus tard, qu'il redevint homme… « Pris pour arbitre dans ce joyeux débat, poursuit Ovide, Tirésias confirme l'avis de Jupiter. Junon en ayant éprouvé, à ce qu'on assure, un dépit excessif, condamna les yeux de son juge à une nuit éternelle. » Et c'est ainsi que le premier transgenre de l'histoire de l'humanité perdit la vue pour avoir affirmé la supériorité de la jouissance féminine sur le plaisir masculin. Est-ce pour le punir d'avoir révélé un secret jusque-là bien gardé que Junon, protectrice des épouses, priva Tirésias d'un sens majeur ? Ou, au contraire, pour n'avoir pas eu le courage d'admettre qu'en matière de jouissance, les femmes ne sont pas forcément mieux loties que les hommes ?

Dans les deux cas, la même question se pose : d'où vient la fascination pour la jouissance de la femme ? « Mystérieuse », « infinie », ou tout simplement « autre », celle-ci est perçue par les hommes comme la preuve de la différenciation entre les deux sexes. Le corps de la femme est ainsi fait qu'il ne trahit pas son désir de manière aussi évidente que celui de l'homme. De cette particularité anatomique, les hommes, embarrassés devant tant d'altérité, ont fait le signe d'un plaisir qui, parce que sa source est cachée, devait être infiniment supérieur au leur. Mais comment le savoir ?

En bon lecteur d'Ovide, le psychanalyste Jacques Lacan, au livre X de son *Séminaire**, ne doute pas un instant que Tirésias dise la vérité, ni de la nature de celle-ci : « Ce sont les femmes qui jouissent. Leur jouissance est plus grande, que ce soit d'un quart ou d'un dixième de plus, que celle de l'homme », poursuit-il. Certes, Tirésias, à la différence de Lacan, parle en connaissance de cause. Mais de ce que le devin jouit davantage quand il est femme, faut-il en conclure que toutes les femmes jouissent plus que les hommes ? Qui nous dit qu'un autre homme, bon jouisseur, n'aurait pas vécu sa transformation en femme comme une perte et non comme un gain ?

---

* Jacques Lacan, *Séminaire*, Livre X, *L'angoisse (1962-1963)*, Paris, Seuil, 2004.

De même que célébrer la femme est une manière de l'essentialiser – Lacan l'a bien vu : si les femmes sont bien réelles, « la femme », en tant que concept, « n'existe pas » –, magnifier la jouissance féminine revient à alimenter l'idée reçue d'un mode du jouir commun à toutes les femmes. Or la jouissance, comme toute expérience, est singulière et impartageable. La réduire au sexe, c'est rater sa spécificité ; l'identifier au genre, c'est admettre qu'elle n'est pas innée et qu'elle est, au même titre que le plaisir, le lieu d'un apprentissage incommensurable. C'est ainsi qu'un corps d'homme peut connaître des voluptés jugées féminines, et qu'une anatomie de femme peut avoir un rapport masculin (phallique) à la jouissance. La femme, ce n'est pas toujours l'autre.

La parabole Batka

*20 mai 2015**

* *Le 1* n° 57, « La question noire en Amérique ».

J'appelle « société de provocation » toute société d'abondance et en expansion économique qui se livre à l'exhibitionnisme constant de ses richesses et pousse à la consommation et à la possession par la publicité [...]. La débauche de prospérité de l'Amérique blanche finit par agir sur les masses sous-développées mais informées du tiers-monde comme cette vitrine d'un magasin de luxe de la Cinquième Avenue sur un jeune chômeur de Harlem.

Quand Romain Gary écrit ces lignes, en 1968, les États-Unis – qui n'ont jamais si mal porté leur nom – sont en guerre contre le Viêt-nam, et Martin Luther King vient d'être assassiné. Les pacifistes s'opposent aux belligérants, les Noirs revendiquent l'égalité civique, et l'écrivain, qui « refuse absolument de faire de la littérature avec les Noirs américains », est à deux doigts de retourner en France. Jean Seberg, sa compagne d'alors et militante acharnée, lui objecte la présence des dix-sept millions de Noirs qui, eux, ne peuvent pas fuir. « Très bien, lui rétorque Gary, je vais te foutre un livre sur la souffrance des Noirs [...] et on n'en entendra plus parler. Légitime défense. » Ce sera *Chien blanc**, roman écrit avec les crocs, dans lequel le narrateur décide de s'occuper de Batka, de race canine, dressé pour attaquer ceux que la société traite comme des animaux – les Noirs.

Légitime défense? C'est aussi l'argument avancé par Darren Wilson, le policier blanc qui tira à douze reprises sur Michael Brown, un adolescent noir, à Ferguson, en août 2014: ce dernier, dit-il, aurait eu un « comportement provocant ». Et de fait: le représentant des forces de l'ordre raconte que son agresseur avait pris

* Romain Gary, *Chien blanc*, Paris, Gallimard, 1970.

possession de son arme. Peut-être avait-il en ligne de mire non pas un homme en uniforme, mais « la société de provocation » dont Darren Wilson n'était que l'emblème. Quelle différence entre un chien formé pour déchiqueter les peaux sombres, et un policier qui, quoiqu'il s'en défende, abat un citoyen parce qu'il est noir ? En répondant à la provocation par l'attaque mortelle, tous deux se comportent en bêtes : « Là où il y a de la haine, il n'y a pas d'éducation. Il y a déformation. Dressage. » Batka mord, le policier dégaine. Mais, ultime provocation, l'officier ne sera pas condamné, quand l'animal et l'adolescent, eux, trouveront la mort. Vie de chien.

Le problème est que dans le combat pour l'égalité, la défense est toujours légitime. Pour guérir Chien blanc, Keys, son dresseur, en fait un « Chien noir », qui s'en prend donc… aux Blancs. La parabole Batka est lourde d'enseignement : en troquant une cible contre une autre, le chien symbolise les émeutes sanglantes qui transforment inlassablement les victimes en coupables et perpétuent la confusion entre instinct de vengeance et désir de justice. Tant que la « justice » s'appliquera selon une distinction de race, tant qu'un policier criminel restera au-dessus de la loi, les bonnes raisons de se venger ne manqueront pas. Dans cette logique, où est la limite ? Autant tirer sur tout le monde. « Je ne te demande pas de ne pas mordre les Noirs, murmure le narrateur à l'oreille du chien, je te demande de ne pas mordre seulement les Noirs. » Provocation ou légitime défense ? Mieux vaut un bras d'honneur en prose qu'une arme à blanc.

La loi de l'opinion

*15 février 2017**

* *Le 1* n° 142, « La grande lessive présidentielle ».

Quand le candidat de la droite et du centre à la présidence de la République française, soupçonné d'avoir abusé des facilités financières offertes par le Parlement aux élus, cherche à sauver sa peau et à relancer sa campagne, il n'a d'autre choix que de convoquer journalistes et caméras pour s'adresser à ses électeurs. Ironie du sort, ce sont précisément ces acteurs du pouvoir médiatique qu'il tient pour responsables de sa situation. « La presse naturellement doit relater les événements, reconnaît François Fillon. Mais lyncher, assassiner politiquement – comme finalement vous l'avez fait pendant dix jours – un candidat à l'élection présidentielle, je pense que ça pose un problème, ça pose même un problème démocratique », considère-t-il, avant d'ajouter : « J'ai entendu peu de voix prenant ma défense. C'est ça que vous appelez le fonctionnement normal de la démocratie* ? » La stratégie du candidat consiste à déplacer le problème de sa responsabilité vers le constat d'une démocratie gangrenée. Le meilleur symptôme de cette maladie politique ? Le « lynchage » initié par les journalistes qui, selon lui, confondent leur opinion avec celle de la majorité et occultent la diversité des avis derrière une violence organisée. Quoi de plus injuste, en effet, que d'être unanimement désavoué alors qu'aucun délit n'a été prouvé ? Mais quoi de plus normal aussi, pour un candidat, que de voir sa probité sans cesse examinée ? François Fillon a bien des raisons de se plaindre. Mais en imputant sa situation à la mauvaise santé démocratique, il se trompe de diagnostic.

En démocratie, c'est le rôle de la presse que de scruter sans relâche les acteurs de l'espace public,

* François Fillon, conférence de presse du 6 février 2017.

rappelle Tocqueville, dans une formulation qui évoque étrangement les procédés totalitaires de Big Brother dans *1984**:

> C'est elle dont l'œil toujours ouvert met sans cesse à nu les secrets ressorts de la politique, et force les hommes publics à venir tour à tour comparaître devant le tribunal de l'opinion. C'est elle qui rallie les intérêts autour de certaines doctrines et formule le symbole des partis. C'est par elle que ceux-ci se parlent sans se voir, s'entendent sans être mis en contact**.

Le déclin de la presse écrite – à laquelle l'auteur de *La Démocratie en Amérique* pensait en écrivant ces lignes – n'enlève rien à la clairvoyance du philosophe : l'avènement des nouveaux médias n'a fait que renforcer le rôle de ce contre-pouvoir, désormais diffus et à la portée de chacun devant son ordinateur. Dans le tribunal de l'opinion,

* George Orwell, *1984*, Paris, Gallimard, 1950 [1949].
** Alexis de Tocqueville, *De la démocratie en Amérique*, 1835.

chacun surveille, accuse et condamne, tour à tour policier, juge et prêtre.

En démocratie, aujourd'hui, ce n'est pas la presse qui fait la loi, c'est l'opinion de la majorité des citoyens.

> Mais la majorité elle-même n'est pas toute-puissante. Au-dessus d'elle, dans le monde moral, se trouvent l'humanité, la justice et la raison ; dans le monde politique, les droits acquis. La majorité reconnaît ces deux barrières, et s'il lui arrive de les franchir, c'est qu'elle a des passions, comme chaque homme, et que, semblable à eux, elle peut faire le mal en discernant le bien*.

Le tribunal populaire est injuste, parfois tyrannique, reconnaît Tocqueville. C'est un problème redoutable, constitutif de la vie démocratique. Mais, n'en déplaise à François Fillon, c'est le signe d'un « fonctionnement normal de la démocratie ». Concevoir un problème comme une maladie, n'est-ce pas le propre de l'hypocondrie ?

---

* *Ibid.*

L'homme, animal sportif

*8 juin 2016**

* *Le 1* n° 110, « Le sport, école de la vie ».

Si le sport est un art, le corps est sa matière première. Des mollets des cyclistes aux pieds des danseuses, des cuisses des rugbymen aux mains des grimpeurs, le sport sculpte, muscle et façonne les membres en trophées de chair bien tendue. L'entraînement laisse toujours des traces ; il inscrit chaque effort dans la sphère du visible et marque le corps de son rythme et de son intensité. Quoi de plus gratifiant ? Qu'il perde ou qu'il gagne, le corps de l'athlète est un spectacle en soi qui offre au regard la preuve du travail fourni.

Il n'en faut pas davantage aux âmes cyniques pour concevoir le sport comme une activité compensatrice destinée aux esprits faibles.

La réflexion n'est pas votre fort ? Qu'à cela ne tienne, vos muscles, eux, n'ont qu'à être sollicités pour gonfler, vos jambes n'ont qu'à s'étirer pour courir. Ainsi les sportifs sont-ils rangés du côté des perdants de la pensée, de ceux qui, faute de mieux, ont trouvé refuge dans la partie la moins noble de l'homme, son corps. « Si tu ne peux pas utiliser ton cerveau, utilise ton corps à la place » : c'est en suivant les conseils de son père que Rocky Balboa devient champion du monde de boxe. Mais chaque combat qu'il mène apporte un démenti flagrant à ceux qui réduisent le corps, aussi puissant soit-il, à une masse physique brutale et irréfléchie. Le corps peut-il se fortifier sans que l'esprit ne travaille ? D'ailleurs, que serait l'intellect sans l'organe auquel on l'identifie ? N'est-ce pas dans cette rencontre entre le corporel et le spirituel que se trouve l'essence même du sport ?

« Le cerveau de l'homme lui confère le pouvoir d'apprendre un nombre indéfini de "sports". C'est avant tout un organe de sport, affirme Bergson, et, de ce point de vue, on pourrait définir l'homme "un animal sportif"*. » Si le propre de l'homme réside dans le sport, c'est que lui seul possède la capacité à jouer avec ses composantes physiologiques sans qu'aucune nécessité biologique ne le commande.

> De manière générale, la supériorité de notre cerveau réside dans la puissance de libération qu'il nous donne vis-à-vis de l'automatisme corporel, en nous permettant de créer sans cesse de nouvelles habitudes, qui absorberont les autres ou qui les tiendront en respect*.

Le sport n'est pas le simple déploiement du corps, il est la création de mouvements nouveaux qui n'existent pas avant le geste qui les fait naître. La foulée du coureur qui s'allonge à mesure que les kilomètres défilent, le souffle qui trouve son rythme dans les accélérations, la surprise de découvrir que, malgré la fatigue, les jambes peuvent encore gagner en vitesse en puisant dans des ressources

---

* Henri Bergson, « Le parallélisme psychophysique », in *Mélanges*, Paris, PUF, 1972.

insoupçonnées – autant d'expériences qui suscitent l'émerveillement devant ce corps que l'on croyait connaître. Parce qu'il transforme l'habituel en exceptionnel et le banal en miracle, le sport, loin d'être le royaume des tendons et des biceps, est la meilleure réfutation du dualisme mortifère. Vous referez bien un tour de piste ?

Tromper l'ennui

*30 mars 2016**

* *Le 1* n° 100, « Culture, le grand sacrifice ».

La culture ne fait pas le bonheur ; elle aide à moins souffrir, ce qui n'est pas rien. Quelle différence, dès lors, entre la culture et le divertissement ? Comment distinguer ce qui relève du soin de l'âme humaine de ce qui la conduit vers l'oubli d'elle-même ?

Dans *Voyage au bout de la nuit**, Bardamu s'émeut d'entendre Parapine lui raconter « l'application astucieuse des théories récentes du professeur Baryton sur l'épanouissement des petits crétins par le cinéma » : chaque semaine, son ami emmène au cinéma d'anciens combattants tellement abîmés par la guerre qu'ils en ont

* Louis-Ferdinand Céline, *Voyage au bout de la nuit*, Paris, Denoël, 1932.

perdu la mémoire, ce qui leur permet de regarder, avec un égal ravissement, dix fois de suite le même film. C'est l'occasion pour le narrateur de révéler le malentendu à l'origine de ce que l'on nomme la « vie culturelle » : notre besoin d'art est moins l'expression d'un désir de culture qu'une nécessité de se divertir, c'est-à-dire d'oublier « le malheur naturel de notre condition faible et mortelle », comme disait Pascal*. Que l'on souffre ou que l'on s'ennuie, quoi de mieux qu'une séance de cinéma, « ce nouveau petit salarié de nos rêves** » qui, à la différence des arts plus nobles – c'est-à-dire vendus plus cher –, peut être acheté « pour une heure ou deux, comme un prostitué** » ?

Payer pour se sentir mieux, l'image fait rougir. Mais nous autres, consommateurs culturels, procédons-nous autrement ? La culture est-elle autre chose que cette rencontre improbable entre

---

* Blaise Pascal, « 139, Divertissement », *Pensées*, 1670.

** Louis-Ferdinand Céline, *Voyage au bout de la nuit*, *op. cit.*

des œuvres d'art censées exprimer le raffinement humain et des spectateurs avides d'échapper à l'inquiétude et au désœuvrement ?

> Et puis des artistes en plus, de nos jours, on en a mis partout par précaution tellement qu'on s'ennuie. Même dans les maisons où on a mis des artistes avec leurs frissons à déborder partout et leurs sincérités à dégouliner à travers les étages. [...] C'est à qui frémira davantage et avec le plus de culot, de tendresse, et s'abandonnera plus intensément que le copain. On décore à présent aussi bien les chiottes que les abattoirs et le Mont-de-Piété aussi, tout cela pour vous amuser, vous distraire, vous faire sortir de votre Destinée*.

La culture ne sert à rien, si ce n'est à tromper l'ennui. Ce qui n'a pas de prix.

À l'origine, la culture renvoie autant à l'activité du paysan qui travaille son champ qu'à celle du croyant qui honore son dieu. Dans les deux cas, elle enfante une pratique qui a pour fin de

* *Ibid.*

nous protéger contre l'hostilité de la nature et de régler les relations des hommes entre eux. Mais, à force d'être brandie comme le point ultime du développement de l'humanité, la culture s'est… dénaturée : non plus activité nécessaire à l'homme pour l'éloigner de l'animalité et rendre le monde habitable, mais simple objet – livre, musée, spectacle. Elle ne désigne plus le culte, mais la déesse, désormais célébrée sur l'autel de sa majuscule, délaissant ses racines agricoles pour s'élever vers les sphères d'un ministère. À trop vouloir célébrer la culture, on en a fait une idole. Comment, alors, louer ses vertus sans lui rendre un culte ? En arrêtant de croire qu'elle peut nous guérir de nous-mêmes. Tout comme le divertissement, qui, bien loin d'être condamnable, est considéré par Pascal comme « chose si nécessaire aux gens du monde qu'ils sont misérables sans cela* », la culture, loin d'être sacrée, est le reflet le plus fidèle de notre humanité. En crise, donc.

---

* Blaise Pascal, « Divertissement », *Pensées, op. cit.*

Le profil et sa vérité

*4 octobre 2016**

---

* *Le 1* n° 124, « Facebook est-il notre ami ? ».

Connaissez-vous *L'Homme au turban rouge*, le premier autoportrait réalisé par Jan Van Eyck en 1433 ? L'artiste s'y peint légèrement de biais, cachant, qui sait, une cicatrice monstrueuse ou un grain de beauté disgracieux. À l'ère du *selfie* où chacun est devenu le peintre de soi-même, Facebook a recours au même procédé. Pour offrir à son utilisateur la liberté de se présenter toujours à son avantage, il lui donne l'occasion de se montrer non tel qu'il est, mais tel qu'il voudrait être, c'est-à-dire sous son meilleur « profil ». En substituant le fantasme à l'authenticité, le « livre du visage » propose à chacun de devenir l'auteur d'une « page » sur laquelle il dépose des fragments d'une vie rêvée, délestée du poids de la réalité.

> Des histoires, des vies, des caractères, qu'est-ce que tout cela ? Des romans ingénieux bâtis sur quelques actes extérieurs, sur quelques discours qui s'y rapportent, sur de subtiles conjectures où l'Auteur cherche bien plus à briller lui-même qu'à trouver la vérité. On saisit les traits saillants d'un caractère, on les lie par des traits d'invention, et pourvu que le tout fasse une physionomie, qu'importe qu'elle lui ressemble* ?

Qu'importe, en effet, d'être dans le vrai, tant que la mise en scène permet de s'admirer sans se révéler ? Quand il écrit ces lignes, Rousseau est sur le point de publier la première autobiographie de l'histoire de la littérature. Dans la première version du manuscrit des *Confessions*, il affirme en préambule qu'une telle entreprise ne peut réussir qu'à condition de se montrer de face, contrairement à Montaigne qui, dans ses *Essais***, « se peint ressemblant, mais de profil ». Le mot est

* Jean-Jacques Rousseau, *Ébauches des Confessions*, manuscrit de Neuchâtel, 1764.

** Michel de Montaigne, *Essais*, 1580.

lancé. Qu'on ne s'y trompe pas : l'accusation ne porte pas tant sur le procédé d'autocélébration narcissique qui consiste à ne montrer de soi que ce qui plaît, que sur le travestissement délibéré de la vérité.

> Les plus sincères sont vrais tout au plus dans ce qu'ils disent, mais ils mentent par leurs réticences, et ce qu'ils taisent change tellement ce qu'ils feignent d'avouer, qu'en ne disant qu'une partie de la vérité ils ne disent rien*.

Est-ce si sûr ?

N'en déplaise aux Rousseau contemporains que sont les détracteurs de Facebook, la vérité n'est pas synonyme de transparence, et celle-ci, lorsqu'il s'agit du moi, est toujours illusoire. Quoi de plus véridique que le désir d'être autre ? Quoi de plus précieux que la liberté de le devenir ? À la différence d'Instagram, vitrine de l'ego qui ne s'admire qu'en photo, et de Twitter, qui remplace

* Jean-Jacques Rousseau, *Ébauches des Confessions*, *op. cit.*

les atermoiements par des pépiements, Facebook est un lieu où se rencontrent des âmes qui s'imaginent. Les amis que l'on s'y fait ne ressemblent peut-être pas à ceux que l'on a « en vrai ». Quelle importance ? Pour être virtuelle, la vie sur la Toile n'en est pas moins réelle. Il n'a jamais été prouvé que l'homme au turban rouge, qui, lui aussi, vit sur une toile, était un portrait du peintre par lui-même. La preuve du contraire ferait-elle perdre au tableau son intérêt ? Facebook est loin d'être un chef-d'œuvre. Mais son existence rappelle que la vérité n'est pas toujours du côté de la réalité. Dans les deux cas, se peindre de profil est la meilleure façon de rester dans le vrai tout en parlant de soi.

Conservation ou momification

*28 septembre 2016**

* *Le 1* n° 123, « Les forces cachées de la droite ».

La méfiance à l'égard du présent ne date pas d'hier. Déjà, dans l'Égypte ancienne, l'invention de l'écriture éveillait la suspicion quant à sa possibilité de transmettre un savoir véritable. Pensons à Platon qui, dans le *Phèdre*, met en scène Theuth, le dieu égyptien persuadé que l'écriture « fournira aux Égyptiens plus de savoir, plus de science et plus de mémoire », et Socrate, convaincu que l'écriture est un enfant mort-né qui, par le savoir qu'elle accumule, dispense de l'effort d'apprendre.

> Cet art produira l'oubli dans l'âme de ceux qui l'auront appris, parce qu'ils cesseront d'exercer leur mémoire : mettant en effet leur confiance dans l'écrit, c'est du dehors, grâce à des empreintes

étrangères, et non du dedans, grâce à eux-mêmes, qu'ils feront acte de remémoration*.

« De plus, ajoute le philosophe, ils seront insupportables dans leur commerce, parce qu'ils seront devenus des semblants de savants, au lieu d'être des savants. » Si personne aujourd'hui ne songerait à mettre en garde les élèves contre les effets délétères de l'écriture, les arguments employés pour dénoncer le rôle d'internet et du « savoir en ligne » dans l'éducation rejouent la partition socratique. Rien de plus ancien, donc, que l'inquiétude suscitée par la nouveauté. N'en déplaise à ses détracteurs, dans le néoconservatisme, il n'y a rien de nouveau.

La certitude que les choses étaient mieux avant n'est pas un symptôme contemporain, mais un trait de caractère que Nietzsche définit, dans ses *Considérations inactuelles***, comme l'expression d'un certain rapport à l'histoire qu'il qualifie de

* Platon, *Phèdre*, IVe siècle av. J.-C.

** Friedrich Nietzsche, *Considérations inactuelles*, 1873.

« traditionaliste ». Qu'est-ce qu'un conservateur, sinon celui qui, « cultivant soigneusement ce qui a toujours été, veut conserver pour ceux qui naîtront après lui les conditions dans lesquelles il est lui-même né* », privilégiant ainsi « l'esprit de sa maison, de sa race, de sa ville » aux dépens des préférences et des désirs individuels ? Qu'est-ce qu'un réactionnaire, si ce n'est celui qui, au nom de la tradition, brandit le passé comme vérité et s'indigne que le mariage ne soit plus ce qu'il était ?

« Déclin », « catastrophe » et « perdition », le lexique réactionnaire tient pour la fin du monde ce qui n'est jamais que la fin d'un monde, et confond conservation et momification.

> L'histoire traditionaliste dégénère à l'instant où elle n'est plus animée et attisée par le souffle vivant du présent. Alors la piété se dessèche, et il ne reste plus que le pédantisme routinier qui tourne avec un égoïsme complaisant autour de son propre centre. [...] L'homme s'enfouit dans la moisissure, il parvient même, par la manière traditionaliste, à

* *Ibid.*

> dégrader de meilleures dispositions, de plus nobles besoins, et à les rabaisser au niveau d'une curiosité insatiable, ou plutôt d'une passion universelle pour tout ce qui est ancien*.

Le diagnostic nietzschéen livre le portrait de ceux qui, aujourd'hui encore, pensent que la nostalgie d'une époque révolue justifie le rejet du contemporain. Mais il met aussi en garde contre l'autocélébration d'un présent qui tourne le dos à son histoire. Comment puiser dans le passé sans s'y enfermer ? La question, elle non plus, n'a rien de nouveau. C'est là son actualité.

* *Ibid.*

Pas une ride

*20 avril 2016**

* *Le 1* n° 103, « Jeunes, toujours debout ! ».

Où allez-vous, jeunes gens, où allez-vous, étudiants, qui courez en bandes par les rues, manifestant au nom de vos colères et de vos enthousiasmes, éprouvant l'impérieux besoin de jeter publiquement le cri de vos consciences indignées ? Allez-vous protester contre quelque abus du pouvoir [...] ? Allez-vous redresser un tort social, mettre la protestation de votre vibrante jeunesse dans la balance inégale, où sont si faussement pesés le sort des heureux et celui des déshérités de ce monde ? [...] Allez-vous crier, sous la fenêtre de quelque personnage fuyant et hypocrite, votre foi invincible en l'avenir, en ce siècle prochain que vous apportez et qui doit réaliser la paix du monde, au nom de la justice et de l'amour ?

Impossible de ne pas reconnaître, en lisant ces lignes, le mouvement Nuit debout qui « habite » depuis plusieurs semaines la place de la République, au cœur de Paris. Des motifs de colère (injustices sociales et inégalités économiques) aux moyens employés (protestation devant le domicile du Premier ministre), on ne peut que louer l'acuité de cette plume aiguisée qui, en quelques traits, croque une jeunesse engagée que nous identifions au premier coup d'œil. Et pourtant ! L'auteur de cette *Lettre à la jeunesse* obtiendra des éditions Fasquelle qu'elles publient son texte le 14 décembre 1897, il y a plus d'un siècle. Prescience d'un écrivain de génie ? Quand on sait que l'auteur en question n'est autre qu'Émile Zola*, il est tentant de le penser. Mais dans ces mots, nulle prophétie. Bien au contraire : si ces « consciences indignées » que Zola encourage à la révolte ressemblent en tout

* Émile Zola, *Lettre à la jeunesse; l'affaire Dreyfus*, Lausanne, Payot, 2018 [1897]

point à celles qui occupent nos pavés aujourd'hui, c'est que, quelle que soit l'époque, la jeunesse se ressemble. D'où vient cette identité troublante qui transforme l'histoire en répétition ?

Contrairement à l'enfance qui, étymologiquement, désigne celui qui ne parle pas, la jeunesse a son mot à dire. Mais on ne cesse de la faire crier. Et pour cause : la jeunesse n'existe pas en dehors de l'idée qu'on s'en fait. Qu'elle désigne un âge de la vie ou un état d'esprit, la notion est suffisamment vague pour qu'on lui prête le visage de notre choix, c'est-à-dire, de l'affaire Dreyfus à la loi El Khomri, celui d'une foule en colère. Pourquoi Zola, un mois avant d'accuser publiquement le président de la République de commettre la plus grande erreur judiciaire du siècle, choisit-il d'interpeller la jeunesse ? Pourquoi, à chaque protestation publique, commentateurs et manifestants de tous âges et de tous bords prennent-ils soin de signifier que « la jeunesse est dans la rue », réduisant un élan en slogan ? Parce que, n'étant rien d'autre que l'expression du désir qui la nomme, la jeunesse est aussi immuable que ce dont elle est le porte-voix, y compris quand elle est brandie par les moins vieux d'entre nous : en l'occurrence, la revendication d'une égalité devant la loi, c'est-à-dire d'un monde meilleur. La jeunesse se répète ? Tant mieux, c'est là sa vertu, tant, en politique, la répétition est indispensable à la contestation. Et à travers les âges, elle n'a pas pris une ride.

Un bras d'honneur au réel

*3 février 2016**

* *Le 1* n° 92, « Pourquoi les Juifs ont peur ? ».

En quoi l'antisémitisme se distingue-t-il du racisme ? Pourquoi la haine des Juifs n'est-elle pas soluble dans la haine de celui qui ne me ressemble pas ?

Précisément parce que le terme de race présente l'avantage de différencier radicalement l'autre de moi-même selon des critères apparents. Qu'il ne renvoie à aucune réalité biologique ne change rien à l'affaire, puisqu'en matière de racisme, c'est l'habit qui fait le moine : nul besoin d'être scientifique pour *constater* que l'Africain ne s'apparente pas au Caucasien – manière politiquement correcte de signifier que le Noir n'est pas Blanc.

L'antisémitisme est plus retors. Tandis qu'il suffit au raciste d'ouvrir les yeux pour s'assurer que l'autre, ce n'est pas lui, l'antisémite ne trouvera aucun secours dans la palette chromatique pour nommer celui qu'il exècre. À la haine de l'altérité s'ajoute donc l'angoisse de ne pas la reconnaître : « L'antisémitisme s'adresse à un autre imperceptiblement autre, analyse Vladimir Jankélévitch ; il exprime l'inquiétude que le non-juif éprouve devant cet autre presque indiscernable de lui-même, le malaise du semblable vis-à-vis du presque semblable*. » Dans ce « presque » se loge l'impossibilité de détester en paix, le point de bascule de la haine vers la folie. « L'antisémite déchiffre, soupçonne et débusque, il est par excellence celui qui déjoue le secret », obsédé par « le caractère fuyant, contestable, indéterminable de cette différence dont il s'est fait le dénonciateur fanatique et maniaque ».

Qu'on lui demande sur quoi repose cette différence, il sera bien en peine de la nommer. Une religion ? Pas toujours. Une culture ? Pas si simple.

---

* Vladimir Jankélévitch, *Quelque part dans l'inachevé*, Paris, Gallimard, 1978.

Une race ? Inepte. Un caractère ? Indémontrable. Où est le mal ? Qui est la proie ? C'est mal poser la question. Peu importe l'ennemi : ce que l'antisémite cherche avant tout, c'est à se définir lui-même. « L'antisémitisme est un choix libre et total de soi-même, une attitude globale que l'on adopte non seulement vis-à-vis des Juifs, mais vis-à-vis des hommes en général, de l'histoire et de la société », écrit Sartre dans ses *Réflexions sur la question juive**. C'est dire combien, loin d'être une opinion, l'antisémitisme est *une passion* qui donne lieu à une véritable *conception du monde* dictée par la jalousie, la mauvaise foi et, surtout, la médiocrité : l'antisémitisme, c'est « un snobisme du pauvre* ».

En d'autres termes, si le Juif n'existait pas, l'antisémite l'inventerait. On peut certes reprocher à Sartre de ne considérer le Juif qu'à travers l'œil de son ennemi. Mais cette méthode présente

* Jean-Paul Sartre, *Réflexions sur la question juive*, Paris, Gallimard, 1946.

l'avantage de définir l'antisémitisme comme un *processus* qui consiste à transformer les coupables imaginaires en victimes réelles. Or, contrairement aux apparences, la même logique est à l'œuvre dans le racisme sous toutes ses formes – misogynie et homophobie inclus. Qui mieux que Philip Roth dans *La Tache** a su montrer que le racisme fonctionnait selon ce même mécanisme, en inventant Coleman Silk, un personnage Noir qui ressemble à un Blanc et qui, pour cette raison, se voit injustement accuser de racisme anti-Noir ?

Qu'elle s'appuie sur l'objectivité d'une différence ou sur son fantasme, la haine est toujours un bras d'honneur au réel.

* Philip Roth, *La tache*, Paris, Gallimard, 2002 [2000].

La princesse et le flacon

*27 janvier 2016**

* *Le 1* n° 91, « Le grand casse-tête chinois ».

« Vous connaissez l'histoire de cet homme qui croyait tenir dans une bouteille la princesse de la Chine ? » demande le baron de Charlus au narrateur de la *Recherche du temps perdu**. « C'était une folie. » La princesse était la plus belle du monde, et le fou, très heureux de la posséder, prenait grand soin du flacon et de son habitante. Un jour la bouteille se brisa, et l'homme guérit de sa folie. « Mais dès qu'il ne fut plus fou il devint bête », rajoute M. de Charlus, avant de conclure : « Il y a des maux dont il ne faut pas chercher à guérir parce qu'ils nous protègent seuls contre de plus

---

* Marcel Proust, *À la recherche du temps perdu*, Paris, Gallimard, 1913-1927.

graves. » Autrement dit : quand la réalité fait mal, mieux vaut parfois rester dans l'illusion qui réconforte.

Imaginons un instant que la bouteille soit un nuage. La princesse serait la Chine en personne, et le fou, nous autres, c'est-à-dire l'Occident. Pourquoi serait-il dans notre intérêt de conserver ce nuage ? De quelle vérité douloureuse nous protège-t-il ?

De la Chine, enfouie dans cette nébuleuse, nous n'avons qu'une idée brumeuse, mais flatteuse, car fidèle à nos fantasmes. Quand on ne voit pas, on imagine, et, pour peu que l'on oublie de quels types de particules les nuages chinois se composent, on aurait tôt fait de se prendre pour le *Voyageur* de Caspar David Friedrich contemplant la mer de nimbus du haut de sa montagne*. L'intérêt ? La position de surplomb qui nous met simultanément dans le rôle du créateur et de

---

* Caspar David Friedrich, *Le voyageur contemplant une mer de nuages*, huile sur toile, 1818.

l'observateur, d'autant plus satisfait qu'il se tient à distance. « La rêverie des nuages reçoit un caractère psychologique particulier : elle est une rêverie sans responsabilité », écrit Bachelard dans *L'Eau et les rêves**. « Les nuages sont une matière d'imagination pour un pétrisseur paresseux. On les rêve comme une ouate légère qui se travaillerait elle-même. » L'opacité arrange tout le monde : la princesse, qui se planque derrière le rideau de fumée grise pour mieux déshabiller son peuple, et le fou, pauvres de nous, qui lui donnons paresseusement des leçons de morale sans prendre la peine de soulever le voile. Couvrez donc ces mains que nous ne saurions voir ! L'opacité a ses vertus que la morale ignore.

Jamais la pollution n'a eu si bon dos. Grâce à elle la Chine continue de se répandre dans l'imaginaire européen tel un pot d'encre renversé sur un buvard. Nous croyons le dragon blessé, et

---

* Gaston Bachelard, *L'eau et les rêves*, Paris, José Corti, 1942.

incapable de voler, mais nous ignorons que dans l'Empire du Milieu, contrairement à ses homologues chrétiens, le dragon n'a jamais eu d'ailes.

Comment alors sortir de l'illusion sans devenir bête ?

Montesquieu, le premier, brisa la bouteille et libéra la Chine des projections européennes. Avant lui, le siècle des Lumières s'était fourvoyé en faisant l'apologie du Céleste Empire, de son thé fumé et de ses soies merveilleuses, mais « il y a souvent quelque chose de vrai dans les erreurs mêmes », constate-t-il dans *l'Esprit des lois**, avant d'oser nommer le dragon par son nom : « La Chine est un État despotique, dont le principe est la crainte. » La cause ? « Le climat », qui est « tel qu'il favorise prodigieusement la propagation de l'espèce humaine. Les femmes y sont d'une fécondité si grande, que l'on ne voit rien de pareil sur la terre. Cela demande une grande attention de la part du gouvernement. » Mais il a

* Charles de Montesquieu, *De l'esprit des lois*, 1748.

beau sévir, « la tyrannie la plus cruelle n'y arrête point le progrès de la propagation ». Contre la reproduction, le despotisme, et inversement. Et si, au lieu de libérer la princesse de la bouteille, on y ajoutait un prince ?

Aujourd'hui, maman est forte

*14 octobre 2015**

---

* *Le 1* n° 78, « Les secrets de Merkel ».

Peut-on juger de la bonne santé démocratique d'un pays selon la popularité de son gouvernant ? Alors, l'Allemagne l'emporte haut la main. Angela Merkel n'est pas seulement plébiscitée de manière constante, depuis son premier mandat, par la majorité des citoyens de son pays, elle est aussi la « personnalité préférée » des Allemands. Quand on sait qu'en France, cette place se trouve alternativement occupée par Jean-Jacques Goldman et Yannick Noah, c'est à se demander si la chancelière ne s'adonnerait pas, à ses heures perdues, aux frissons de la scène ou à l'adrénaline des compétitions sportives. Mais puisque, à l'heure actuelle, la seule ivresse qu'on lui connaît est celle du pouvoir, et que, pour jouir pleinement de celui-ci en démocratie, il faut avoir été choisi par le peuple, la question mérite d'être posée du point de vue des citoyens allemands : que représente Angela Merkel à leurs yeux pour occuper une telle place dans leur cœur ?

Cette situation semble contredire l'ensemble des théories en vigueur sur la représentation politique, qui serait par essence déceptive. Agir au nom des citoyens est une chose, leur plaire en est une autre.

Faisons l'hypothèse que cette popularité soit justifiée par son rôle de *leader* – jamais le terme de *leadership* n'a été autant employé en Europe qu'à propos de la place de l'Allemagne d'Angela Merkel au sein de l'Union. *Führer* est inutilisable ; « chef », à l'inverse, est trop utilisé ; reste le *leader*, celui qui domine en toute légitimité un groupe grâce aux liens de confiance qu'il a su instaurer. Selon Max Weber, il s'agit d'un type de domination constitutif à l'exercice politique qui se répartit en trois groupes. La domination *légale*, d'abord, qui s'appuie sur une Constitution écrite et qui se caractérise par son impersonnalité – c'est la bureaucratie. Ensuite, la domination dite *traditionnelle*, qui prend la forme du respect de valeurs héritées d'un passé commun – on reconnaîtra ce que Weber nomme le patriarcat ou le pouvoir féodal. Enfin, la domination *charismatique*, qui découle du magnétisme hors norme d'un homme doté d'un caractère « extraordinaire ».

Or ce qu'il y a de vraiment extraordinaire, c'est que la chancelière ne montre aucune des qualités requises pour être en position de domination. La championne du leadership est plutôt moquée pour ses piètres qualités oratoires. De sexe féminin, elle échappe d'emblée à toute filiation patriarcale, à tel point que les Allemands la surnomment *Mutti* – ce qui signifie littéralement « maman », terme (jusqu'à nouvel ordre) absent du lexique managérial des leaders. Seul le mode de domination légale semble expliquer sa légitimité, mais on a connu vecteur de popularité plus fécond que l'efficacité bureaucratique. Alors, qu'a fait « Maman » pour mériter la plus haute place du podium ?

La réponse est paradoxale – ou évidente –: rien. Rien de plus que d'endosser une fonction, sans ambages ni séduction, sans bourdes majeures non plus. Connue pour sa neutralité obstinée et son absence d'engagement (la langue allemande s'est vue récemment enrichie d'un verbe supplémentaire, « *merkeln* », qui désigne la difficulté à prendre des décisions), la gouvernante ne fait rien pour être aimée – et les Allemands en redemandent.

De l'autre côté du Rhin, point de drague ni de bling-bling. Gouverner sans éclat, tel est le secret du succès. La meilleure preuve ? La cote de popularité de la dame d'acier n'a jamais autant baissé que depuis qu'elle a accompli le geste héroïque d'ouvrir les frontières de l'Allemagne à près d'un million de réfugiés.

Vous plaisiez ? J'en suis fort aise. Eh bien, agissez maintenant !

Nobody's perfect

*5 mai 2015**

* *Le 1* n° 55, « Ils sont fous, ces Anglais ».

L'Europe s'épuise en querelles intestines et en conflits d'intérêts, mais les pays du Vieux Continent s'accordent sur un point : se moquer de « l'esprit anglais ». Les philosophes ne sont pas en reste ; en 1795, dans un texte visionnaire qui préfigure à bien des égards l'Union européenne d'aujourd'hui, Kant en appelle à la création d'une ligue des nations qui aurait pour principe premier la libre circulation des personnes. La réalisation de cet espace Schengen avant l'heure rencontre un problème majeur : non pas le caractère utopique d'une paix entre les peuples, pourtant incompatible avec « l'état de guerre naturel », ni l'idéal impraticable d'« hospitalité universelle »*,

* Emmanuel Kant, *Projet de paix perpétuelle*, 1795.

ni même le dumping social. Non, le problème, ce sont les Anglais. Si l'Italien est extraverti, l'Espagnol, fier, et l'Allemand, cosmopolite, l'Anglais, lui, est d'abord… Anglais :

> [il] met en place de grandes institutions de bienfaisance, fabuleuses pour tous les autres peuples. Mais l'étranger que le destin a jeté sur son sol et qui se trouve plongé dans une grande misère peut bien mourir sur le fumier, il n'est pas Anglais – autant dire qu'il n'est pas un homme. […] Et à l'étranger, par exemple en France, où les Anglais ne vont que pour dénigrer la mauvaise qualité de tous les chemins et toutes les auberges, ils ne s'y réunissent que pour rester entre soi*.

En privilégiant la nationalité sur l'humanité, l'esprit anglais compromet dangereusement la paix entre les peuples. Mais leurs détracteurs, si philosophes soient-ils, procèdent-ils autrement ? Kant ne doute pas un instant que le Britannique soit par nature arrogant. Nietzsche ne voit pas

* Emmanuel Kant, *Anthropologie d'un point de vue pragmatique*, 1798.

de pire ennemi à l'esprit philosophique que ces « vieux crapauds froids et ennuyeux* ». Le partisan du gai savoir ne manque pas une occasion de déplorer leur « profonde médiocrité », qu'il juge être la cause d'une « dépression générale de l'esprit en Europe » :

> Quelle race peu philosophique que ces Anglais ! Bacon, c'est la contestation de l'esprit philosophique en tant que tel. Hobbes, Hume et Locke ont avili et dégradé pendant plus d'un siècle la notion même de philosophie**.

La tiédeur de l'esprit d'outre-Manche est aussi repoussante que l'idée d'ajouter un nuage de lait à la magique potion***. Et ce sont d'autres nuages que Montesquieu tient pour responsables de l'humeur singulière des habitants d'Angleterre, cette « nation à qui une maladie du climat affecte

---

* Friedrich Nietzsche, *Généalogie de la morale*, 1887.
** Friedrich Nietzsche, *Par-delà le bien et le mal*, 1886.
*** Cf. René Goscinny et Albert Uderzo, *Astérix chez les Bretons*, Paris, Dargaud, 1996, p. 45.

tellement l'âme, qu'elle pourrait porter le dégoût de toutes choses jusqu'à celui de la vie* ».

Mais les Anglais ne sont pas nés de la dernière pluie. Atteints d'insularité aiguë et de royalisme chronique, ils gardent le cap et transforment leurs faiblesses en trésors de résistance – et d'humour. « Hum, *darling*, je crois que ça se couvre », lance le flegmatique Britannique sous une pluie d'obus, redoutant que les projectiles ne tachent de manière irréversible son gazon. Quel meilleur réflexe, en temps de guerre, que de donner aux soucis existentiels la gravité d'une préoccupation météorologique ? L'humour anglais, bien loin de l'ironie de bas étage et de la raillerie gouailleuse qui prolifèrent sur le continent, rappelle les vertus du *less is more*, et répond aux regards goguenards par la politesse du désespoir. Connaissez-vous sagesse supérieure ? Si oui, vous n'êtes pas Anglais. *Nobody's perfect*.

---

* Charles de Montesquieu, *L'Esprit des lois*, 1748.

Les noces de l'or et de la nuit

*15 avril 2015**

* *Le 1* n° 52, « Pétrole, le grand bluff ».

Avez-vous déjà observé, à la suite d'une marée de mauvaise humeur, une flaque de pétrole solidifiée sur le sable ? De loin, l'œil aperçoit une croûte noire qui, au milieu des algues et des coquillages, fait figure de mollusque carbonisé. De près, la surface lisse reflète le soleil en une constellation d'étoiles et donne l'impression que le ciel se trouve aux pieds de celui qui l'observe. Le pétrole fait tourner la tête sans lever les yeux, trésor protéiforme qui recèle une puissance poétique observée par Gaston Bachelard :

> Comment […] un rêveur de mots ne serait-il pas ému quand l'étymologie lui enseigne que le pétrole est de l'huile pétrifiée ? Des profondeurs de la terre,

> la lampe fait monter la lumière. Plus vieille est la substance qu'elle travaille, plus sûrement la lampe est rêvée dans son statut de créature créante*.

Parce qu'il est à la fois matière et énergie, source et jaillissement, parce qu'il célèbre à lui seul les noces de l'or et de la nuit, le pétrole encourage l'homme dans son envie de devenir à son tour une « créature créante » qui, puisqu'elle sait faire feu de tout bois, ne voit aucune raison de ne pouvoir faire flamber chaque baril selon ses besoins : essence, goudron, textile, engrais, cosmétique… Il suffit de frotter la lampe pour que le génie du gisement nous transforme en rois du monde gazeux qui se liquide à toute vitesse et se paye… cash.

Si le vin est le sang de la terre, le pétrole est l'atrabile souterraine qui, loin des lèvres et près du cœur, irrigue la croûte terrestre d'une sève obscure qui transforme les racines en oléoducs et autres conduits plus ou moins raffinés. Sans verre

---

* Gaston Bachelard, *La flamme d'une chandelle*, Paris, PUF, 1961.

ni coupe, ses adeptes trinquent à distance en se demandant comment montrer patte blanche tout en broyant du noir.

Et pourtant, dans le forage, nulle mélancolie. Un brin de folie sans doute, celle de concevoir les outils qui transforment le visqueux en carburant comme le prolongement naturel du corps humain. Tout-puissant, maître et possesseur d'une nature façonnée à son image (réseaux-tuyaux-cargos), l'homme est-il en paix dans son royaume ? Car s'il doit à lui-même ce que Bergson nomme « l'intelligence fabricatrice », a-t-il les moyens de maintenir cette place de roi qui, nous rappelle le philosophe, lui a été littéralement « servie » par « le coup de pioche accidentel qui heurta sous terre un trésor miraculeux* » ? En un geste fortuit, l'homme a pu « convertir en mouvement des énergies potentielles accumulées depuis des millions d'années* », et ce faisant, en s'emparant

* Henri Bergson, *Les deux sources de la morale et de la religion*, Paris, Alcan, 1932.

de cette énergie matérielle grâce à son énergie créatrice, a donné à son « organisme une extension si vaste et une puissance si formidable* » qu'il n'a pu combler le vide entre cette nouvelle source d'énergie et l'étroitesse structurelle de sa force.

> D'où les redoutables problèmes sociaux, politiques, internationaux, qui sont autant de définitions de ce vide et qui, pour le combler, provoquent aujourd'hui tant d'efforts désordonnés et inefficaces : il y faudrait de nouvelles réserves d'énergie potentielle, cette fois morale*.

Qu'on ne s'y trompe pas : la morale, ici, n'est pas affaire de bien ou de mal, encore moins de coupables ou de victimes. Elle a pour source l'« énergie », nous dit Bergson, une énergie spirituelle qui pourrait servir de guide à l'action en temps de déroute. Tiens donc… Est-ce à dire que l'homme, lui aussi, serait fournisseur d'énergie potentielle ? Mais comment forer une âme ?

---

* *Ibid.*

Table des matières

Dans la même collection

Leïla Slimani, *Le diable est dans les détails*
Macron par Macron
Michel Onfray, *La parole au peuple*
Tahar Ben Jelloun, *Un pays sur les nerfs*
Nancy Huston, *Naissance d'une jungle*
Leïla Slimani, *Simone Veil, mon héroïne,* illustrations de Pascal Lemaître
Edgar Morin, *Où est passé le peuple de gauche ?*
Irène Frain, *Une certaine idée du bonheur*
Leïla Slimani, *Comment j'écris*
Erik Orsenna, *Les vérités fragiles*
Collectif, *Philip Roth, l'œil de l'Amérique*
Nicolas Hulot, *Ne plus me mentir*
Collectif, *Karl Marx, regards croisés*

Collectif, *Simone de Beauvoir, les clefs de la liberté*
Robert Solé, *L'envers des mots*
Dany Laferrière, *Vers d'autres rives*
Louis Chevaillier, *La voix du poète. Une anthologie pour comprendre l'actualité,* illustrations de Pascal Lemaître
Collectif, *Romain Gary, le visionnaire*
Régis Debray, *Notre ADN culturel*
Collectif, *De Gaulle, cinquante ans après*
Daniel Cohen, *Contre la solitude sociale*
Éric Fottorino, *La presse est un combat de rue*
Philippe Claudel, *Un monde de fous !*
Arnauld Miguet, *133 jours à Wuhan avec un chien, un chat et la peur au ventre*
Cynthia Fleury, Mona Ozouf, Michelle Perrot, *Liberté, Égalité, Fraternité*
Lola Lafon, *Le loup, l'épée et les étoiles*
Jean Viard, *La France telle que je la connais*
Christophe André, *S'écarter et savourer*